Papiermasken

Welches Kind möchte nicht eine grimmige Hexe oder einen stolzen Häuptling darstellen?

Mit unseren fantasievollen Masken können Sie solche Kinderträume ganz schnell und einfach erfüllen. Alle Vorschläge sind leicht nachzuarbeiten und mit einem schlichten T-Shirt kombiniert schon eine komplette Verkleidung.

Und nicht nur zur Faschingszeit sind diese Masken aktuell – jeder Kindergeburtstag wird so zum Hit!

Viel Spaß beim Basteln, Verkleiden und Feiern mit unserer Maskenparade wünschen Ihnen

Martina Schröder und Marion Vogel

Die Motive lassen sich in folgende Schwierigkeitsgrade unterteilen:

○ ○ ○ einfach ○ ○ ○ etwas schwieriger ○ ○ ○ anspruchsvoll

DIE WICHTIGSTEN MATERIALIEN UND HILFSMITTEL

- Tonpapier in Weiß, 80 g/qm, oder Schreibmaschinenpapier
- Tonkarton
- Wellpappe
- Faserseide
- Moosgummi
- Hologrammfolie
- Wattekugeln
- Styroporkugeln
- Bleistift und Radiergummi
- Schere
- Cutter mit Schneideunterlage
- grobes Baumwolltuch
- Langhaarplüsch
- Ölkreide
- Wachsmalstifte
- Schulkreide
- Glitterpen
- Hologrammflimmer
- Hutgummi
- Dekokleber
- Bastelklebstoff
- Heißkleber
- Stopfnadel

So wird's gemacht

Schablonen für die Masken

Alle Teile der Maske mit dem Schreibmaschinen- oder Tonpapier ohne Überschneidungen abpausen, sorgfältig ausschneiden – und schon sind die Schablonen fertig! Die Schablone auf das gewünschte Material legen, Umrisse mit dem Bleistift nachziehen und alles ausschneiden. Teile gemäß der Vorlage und Abbildung zusammenkleben.

Schattieren der Masken

Die Tonkartonmasken lassen sich schnell und einfach mit Ölkreide, Wachsmalstiften oder Schulkreide effektvoll in tolle Fantasiemasken verzaubern.

Einfach ein grobes Baumwolltuch über den Zeigefinger legen und damit mehrmals über die Ölkreide (Wachsmalstifte) wischen. Jetzt kann die Kreide direkt auf den Tonkarton gerieben werden. So entstehen Schattierungen, je nachdem mal mehr, mal weniger. Hierbei kommt es auf die Menge der Farbe an. Die Zierlinien werden direkt aufgetragen. Beim Arbeiten mit Schulkreide gleich auf die Maske malen und dann alles mit dem Finger verreiben.

Hutgummi befestigen

Variante 1, sichtbar:
Die Löcher werden mit einer Stopfnadel in der Maske vorgestochen, das Hutgummi einziehen und die erste Seite verknoten. Nun die Länge des Hutgummis durch Anpassen der Maske am Kopf feststellen, zuschneiden und das zweite Ende einziehen und ebenfalls verknoten.

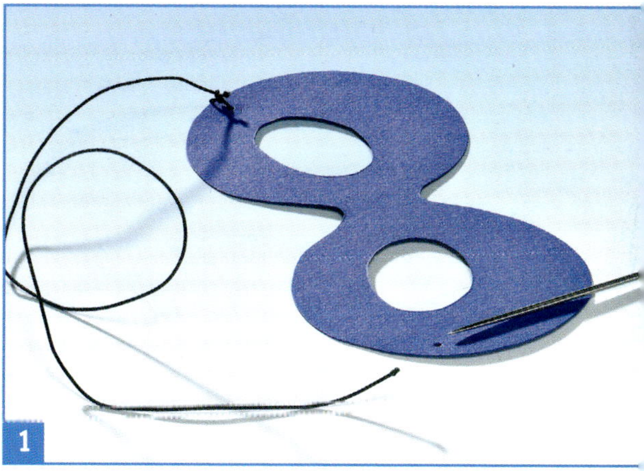
1

Variante 2, verdeckt:
Zwei Moosgummiquadrate (ca. 1 cm x 1 cm) zuschneiden, mithilfe einer Nadel das Hutgummi durchstechen, an das erste Quadrat einen dicken Knoten legen und auf der Rückseite der Maske fixieren. Nun die Länge des Hutgummis durch Anpassen der Maske am Kopf feststellen, zuschneiden und das andere Ende in das zweite Quadrat einknoten und ebenfalls auf die Rückseite kleben.

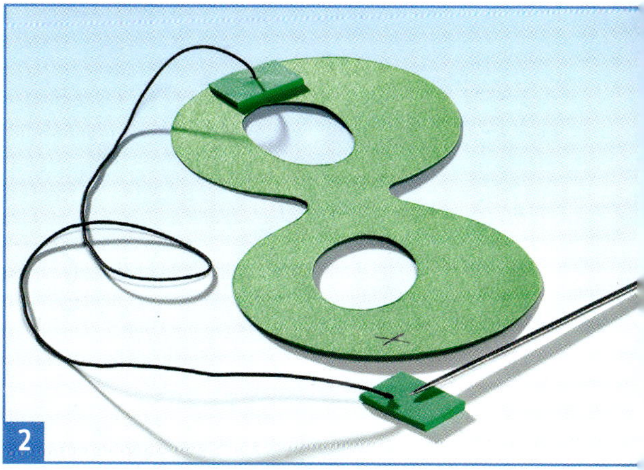
2

Struwwelkälbchen

→ ganz schön frech

MATERIAL

- Tonkarton mit Kuhflecken, A4
- Moosgummi in Weiß, 2 mm stark, A4
- Krepppapier in Schwarz, 16 cm x 60 cm
- Schulkreide in Rot
- wasserfester Stift in Schwarz
- Dekokleber
- Hologrammflimmer in Silber
- Bindedraht
- Hutgummi in Schwarz, ca. 45 cm lang

VORLAGEN-BOGEN 1A

1 Die Kopfform aus dem „Kuhkarton" schneiden. Das Maul und die Ohren aus Moosgummi zuschneiden.

2 Ohren und Schnauze mit der roten Kreide schattieren und die Zierlinien mit dem schwarzen Stift aufmalen.

3 Alle Teile zusammenkleben. In die Ohren mit Heißkleber eine Falte setzen und dann auf die Maske setzen.

4 Die Wimpern mit Dekokleber aufmalen und sofort Hologrammflimmer aufstreuen.

5 Den Krepppapierstreifen an beiden Seiten bis kurz vor die Mitte fransig einschneiden und in der Mitte mit etwas Bindedraht zu einem Wuschel zusammenfassen. Als Haarschopf aufkleben.

6 Nun noch das Hutgummi anpassen und festkleben.

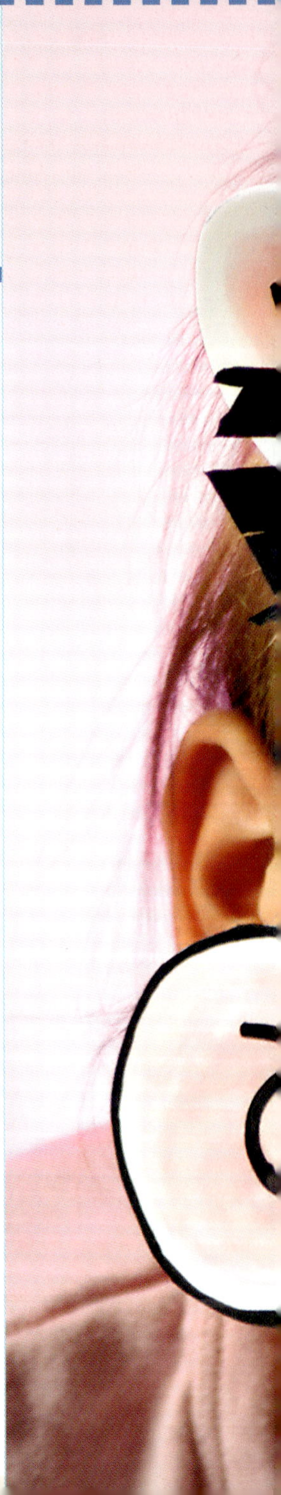

Katze Maunz und Hund Dudo

→ besondere Freunde

MATERIAL KATZE
- Tonkarton in Grau, A4
- Moosgummirest in Weiß, 2 mm stark
- Filzrest in Rosa
- Nylonfaden in Schwarz, ø 0,5 mm, 3 x 18 cm lang
- Schulkreide in Weiß und Rosa
- Ölkreide in Schwarz
- Hutgummi in Schwarz, ca. 45 cm lang

VORLAGENBOGEN 1A

MATERIAL HUND
- Tonkarton mit Dalmatinerdruck, A4
- Moosgummi in Weiß, 2 mm stark, A5
- Moosgummikugel in Pink, ø 35 mm
- Filzreste in Weiß und Schwarz
- Ölkreide in Rosa und Schwarz
- Hutgummi in Schwarz, ca. 45 cm lang

VORLAGENBOGEN 1A

Katze Maunz

1 Alle Maskenteile zuschneiden und die Fellschattierungen mit der Kreide aufbringen.

2 Die Ohren einschneiden und die Schnittstelle etwas überlappend zusammenkleben.

3 Die Filzstücke aufbringen, den Ohrenrand noch mit der weißen Kreide schattieren. Die Ohren hinter dem Kopf befestigen.

4 Das Nasenoval mit der rosafarbenen Kreide anmalen, auf den Nasensteg kleben und dann zwischen den Augen fixieren.

5 Die Nylonfäden mittig verknoten und hinter der Nase als Schnurrbarthaare festmachen.

6 Das Hutgummi anpassen und fixieren.

Hund Dudo

1 Je ein schwarzes und ein weißes Filzohr zuschneiden und diese etwas gerafft hinter die zugeschnittene Maske kleben.

2 Die Konturen mit der Ölkreide aufmalen und den weißen Moosgummistreifen gewölbt über den Nasenausschnitt als Schoner kleben.

3 Die Nase aus weißem Moosgummi zwischen den Augen und auf dem Nasenschoner fixieren.

4 Die Moosgummikugel mit einem Messer teilen und eine Hälfte als Nasenspitze ankleben.

5 Nun noch das Hutgummi anpassen und befestigen.

Löwengebrüll

→ ziemlich gefährlich

MATERIAL

- Tonkarton in Hellbraun, A4
- Moosgummirest in Beige, 2 mm stark
- Krepppapier in Ocker, Weiß und Braun
- Schulkreide in Weiß, Rot und Braun
- wasserfester Stift in Schwarz
- Dekokleber
- Hologrammflimmer in Silber
- Hutgummi in Schwarz, ca. 45 cm lang

VORLAGENBOGEN 1B

1 Die Maske aus Tonkarton und die Ohren aus Moosgummi zuschneiden.

2 Die Schattierungen mit der Kreide und die Zierlinien mit dem schwarzen Stift aufmalen. Schwarze Konturen auf der Maske mit dem Dekokleber nachziehen und sofort Hologrammflimmer darauf streuen.

3 Während des Trocknens die Krepppapierstreifen fransig einschneiden. 2 Streifen in Ocker: 8 cm x 80 cm (1x) und 10 cm x 80 cm (1x); 1 Streifen in Weiß: 9 cm x 80 cm; 2 Streifen in Braun: 9 cm x 80 cm (1x) und 11 cm x 80 cm (1x).

4 Das Krepppapier beim Aufkleben in Falten zusammenschieben, so erhält die Mähne mehr Volumen.

5 Mit dem schmalsten Streifen Krepppapier beginnen und so eine Lage nach der anderen aufkleben.

6 Abschließend noch eine Falte in die Ohren kleben und sie fixieren, das Hutgummi anpassen und montieren.

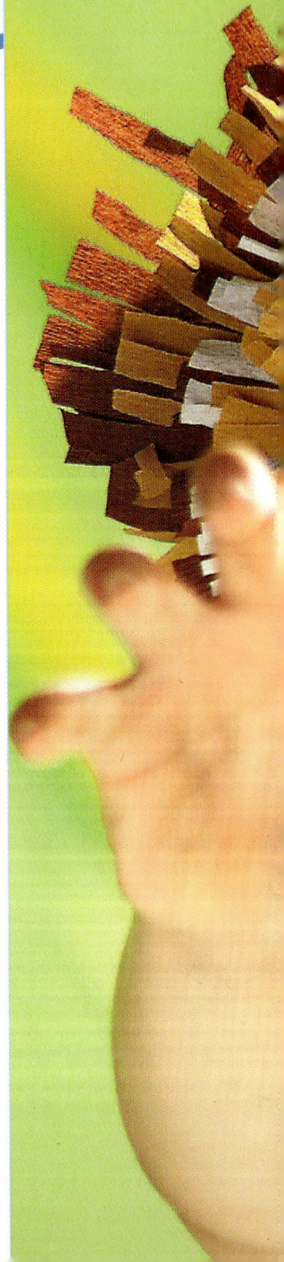

Chinatown ist nicht weit!

→ immer freundlich

MATERIAL

- Tonkarton in Gelb und Schwarz, A4
- Langhaarplüschrest in Schwarz
- wasserfester Stift in Schwarz
- Terracottastift in Gelb
- Ölkreide in Schwarz
- Hutgummi in Schwarz, ca. 45 cm lang

VORLAGEN-BOGEN 1B

Tipp: Nur die gestrickte Rückseite des Langhaarplüsches mit der Spitze einer Schere in kleinen Schnitten durchtrennen, so zerschneiden Sie nicht die schönen langen Haare!

1 Mit dem schwarzen Stift die Zierlinien auf die zugeschnittenen Maskenteile aufmalen und dann mit der Ölkreide die Schattierungen aufbringen.

2 Ein Stück Langhaarplüsch (4 cm x 7 cm, „Wuchsrichtung“ nach unten) auf die Stirnmitte kleben und darüber leicht gewölbt den mit dem Schriftzeichen versehenen Hut.

3 Einige Ponyhaare auf dem Hut fixieren.

4 Die Nase mithilfe eines dicken Stiftes formen, diese leicht gewölbt auf der Maske befestigen und auf der Rückseite mit dem Nasensteg verkleben.

5 Für die Bartteile zwei Streifen Langhaarplüsch (je 2 cm x 5 cm) zuschneiden, die Rückseite der Länge nach verkleben und diese dann auf der Maske fixieren.

6 Nun noch das Hutgummi anpassen und einknoten.

Teufel oder Hexe

→ wer gewinnt?

MATERIAL TEUFEL

- Tonkarton in Rot, A3
- Tonkartonrest in Schwarz
- Abstandsklebeband, 2 mm stark
- Ölkreide in Weiß und Schwarz
- Glitterpen in Silber
- Hutgummi in Schwarz, ca. 45 cm lang

VORLAGEN-BOGEN 2A

HEXE

- Tonkarton in Grün, A4
- Langhaarplüschrest in Schwarz
- Küchenkrepp
- UHU-Bastelkleber oder Weißleim
- Bastelfarbe in Hellgrün, Grün und Braun
- Hutgummi in Schwarz, ca. 45 cm lang

VORLAGEN-BOGEN 1B

Teufel

1 Alle Maskenteile zuschneiden, die Hörner und die schwarzen Ohrenteile mit dem Abstandsklebeband aufkleben.

Hexe

1 Die Maskenteile aus Tonkarton zuschneiden und die Nase gewölbt aufkleben.

2 Den Bastelkleber mit etwas Wasser verdünnen und kleine Küchenpapierstücke damit tränken. Diese gedreht oder etwas gewölbt auf der Maske anbringen. So werden die Falten, Runzeln und die Warze der Hexe modelliert.

3 Nach dem Trocknen (über Nacht) die Maske mit der Bastelfarbe bemalen.

4 Auf die Augenbrauen einen Streifen Langhaarplüsch (0,5 cm x 5 cm) und auf die Nase ein kleines Qua drat (0,5 cm x 0,5 cm) kleben.

5 Die Haarpracht aus dem Plüsch bitte mit dem „Wuchs" nach oben doppelseitig aufbringen, so ist diese üppiger.

6 Nun noch das Hutgummi anpassen und einknoten.

2 Die roten Ohrenteile leicht gewölbt mit Heißkleber fixieren.

3 Die Zierlinien mit der Ölkreide und dem Glitterpen aufbringen.

4 Auf den Hörnern den Glitterpen vollflächig mit dem Finger verteilen.

5 Nach dem Trocknen das Hutgummi anpassen und befestigen.

Im Rittersaal

→ fertig für die Tafelrunde

MATERIAL FLEDERMAUS

- Tonkarton in Schwarz, A4
- Tonkarton in Grau, A5
- Moosgummirest in Grau, 2 mm stark
- 2 Wackelaugen mit Wimpern, ø 7 mm
- Halbperle in Schwarz, ø 8 mm
- Langhaarplüschrest in Schwarz
- Dekokleber
- Hologrammflimmer in Silber
- Ölkreide in Weiß, Rot und Schwarz
- wasserfester Stift in Schwarz
- Hutgummi in Schwarz, ca. 45 cm lang
- Abstandsklebeband, 2 mm stark

VORLAGENBOGEN 2A

RITTER

- Tonkarton in Silber, A4
- Wellpappe in Silber, A4
- Moosgummirest in Grau, 2 mm stark
- Metallicpen in Silber
- 7 Marabufedern in Rot
- Hutgummi in Schwarz, ca. 45 cm lang

VORLAGENBOGEN 2A

Fledermaus

1 Alle Maskenteile zuschneiden und Zierlinien und Schattierungen mit dem schwarzen Stift und der Kreide aufbringen.

2 Für den Bauchfellfleck den Langhaarplüsch mit einer Schere kurz schneiden, auf dem Körper fixieren und alle Maskenteile zusammenkleben.

3 Den Nasensteg auf der Rückseite gegen den Bauch kleben.

4 Schwanz- und Flügelspitzen leicht nach oben wölben.

5 Nachdem die Ohren in die vorgesehenen Einschnittstellen eingesetzt wurden, den Kopf mit Abstandsklebeband befestigen.

6 Für die silbernen Konturen mit dem Dekokleber die Linien ziehen und sofort den Hologrammflimmer darauf streuen.

7 Nun noch die Wackelaugen und die Halbperle aufkleben, das Hutgummi anpassen und in die vorgestochenen Löcher knoten.

Ritter

1 Alle Maskenteile zuschneiden und die Konturen mit dem Metallicpen aufbringen.

2 Die Marabufedern zusammenfassen und das untere Ende mit dem Wellpappestreifen umkleben.

3 Dieses nun auf dem „Helm" fixieren und das Wappen darauf setzen.

4 Den Moosgummistreifen gewölbt über den Nasenausschnitt montieren und die Augenblende darüber kleben.

5 Das Hutgummi anpassen und auf der Rückseite der Maske fixieren.

Süße Maus

→ kleiner Auftritt riesengroß

MATERIAL

- Tonkarton in Grau, A3
- Filz in Rosa, A5
- Krepppapierrest in Schwarz
- Styroporkugel, ø 5 cm
- Bastelfarbe in Grau
- Nylonfaden in Schwarz, ø 0,5 mm, 3 x 15 cm lang
- wasserfester Stift in Schwarz
- Ölkreide in Weiß und Rosa
- Hutgummi in Schwarz, ca. 45 cm lang

VORLAGEN-BOGEN 2B

1 Alle Maskenteile zuschneiden und die Schattierungen mit der Ölkreide und die Zierlinien mit dem schwarzen Stift aufbringen.

2 Styroporkugel mit einem Messer halbieren. Die Hälften mit der Bastelfarbe bestreichen, nach dem Trocknen mit der Ölkreide leicht „rougen" und als Wangen auf die Maske setzen.

3 Die Ohrenteile einschneiden und die Schnittstelle etwas überlappend zusammenkleben.

4 Die Filzstücke aufbringen, den Ohrenrand noch mit der rosafarbenen Kreide etwas schattieren und mit Heißkleber seitlich an der Maske auf den vorgesehenen Laschen befestigen.

5 Auf der Rückseite die vorgefalzten Verbindungsstücke als Verstärkung fixieren. Achtung: Falz auf Falz! So bleiben die Ohren beweglich und wackeln ganz lustig hin und her.

6 Die Nase zur Spitztüte verkleben, dem Nasenausschnitt anpassen und dort mit der eingeschnittenen und nach innen gefalzten Klebefläche fixieren.

7 Nun einige Krepppapiereste zu einer Kugel rollen und diese als Nasenspitze aufkleben.

8 Mithilfe einer Nadel die drei Barthaare durch die Nase ziehen, diese mit etwas Kleber fixieren. Abschließend noch das Hutgummi anpassen und einknoten.

Flotte Biene, süßer Käfer

→ summen und krabbeln

MATERIAL BIENE

- Tonkarton in Gelb, A4
- 3D-Colorwellpappe in Schwarz, A5
- Faserseide in Weiß, A4
- Moosgummirest in Schwarz, 2 mm stark
- Chenilledraht in Schwarz, 2 x 25 cm lang
- 3 Pompons in Schwarz, ø 25 mm
- 2 Wackelaugen, ø 35 mm
- Schulkreide in Braun
- Hutgummi in Schwarz, ca. 45 cm lang

VORLAGENBOGEN 2B

MARIENKÄFER

- Tonkarton in Hautfarbe, A4
- 3D-Colorwellpappe in Schwarz, A5
- Chenilledraht in Schwarz, 2 x 50 cm lang
- 3 Pompons in Rot, ø 5 cm
- 4 kleine Marienkäfer aus Holz in Rot
- Abstandsklebeband, 2 mm stark
- wasserfester Stift in Schwarz
- Glitterpen in Silber
- Ölkreide in Rot
- Hutgummi in Schwarz, ca. 45 cm lang

VORLAGENBOGEN 3A

Biene

1 Den Körper aus Tonkarton, den Kopf aus Wellpappe, die Flügel aus der Faserseide und den Nasensteg aus Moosgummi zuschneiden.

2 Mit Kreide die Streifen auf den Körper malen.

3 Für die Fühler je einen Chenilledraht um einen Bleistift wickeln. Auf das eine Ende einen Pompon kleben, das andere Ende durch das jeweils mit einer Nadel vorgestochene Loch in den Kopf stecken und die Enden auf der Rückseite fixieren.

4 Kopf auf den Körper montieren, den Nasensteg auf der Rückseite nur zwischen den Augen anhaften.

5 Die Flügel vor dem Aufkleben in der Mitte zusammenraffen.

6 Anschließend noch die Augen und den Nasenpompon aufbringen, das Hutgummi anpassen und anbringen.

Marienkäfer

1 Alle Maskenteile zuschneiden, die Schattierungen und Zierlinien aufbringen.

2 Das schwarze Käppchen mit dem Abstandsklebeband montieren.

3 Nun Chenilledraht mittig knicken, miteinander verdrehen und mithilfe eines dicken Stiftes spiralförmig aufdrehen. Je einen Pompon an das eine Ende kleben und als Fühler auf der Maske fixieren.

4 Nasenpompon aufkleben und die kleinen Marienkäfer verteilen.

5 Nun noch das Hutgummi anpassen und einknoten.

Faszinierende Falter

→ traumhaft schön

MATERIAL SCHMETTERLING

- Tonkarton in Regenbogen, A4
- Moosgummirest in Gelb, 2 mm stark
- selbstklebende Hologrammfolienreste in Pink und Silber
- Chenilledraht in Gelb, 20 cm lang
- Glitterpen in Pink
- Hologrammflimmer in Silber
- Hutgummi in Schwarz, ca. 45 cm lang

VORLAGENBOGEN 3A

MATERIAL SÜDSEETRÄUME

- 3D-Colorwellpappe in Gelb, A5
- Moosgummi in Gelb, 2 mm stark
- Krepppapierreste in Gelb, Orange und Hellgrün
- 5 Federschmetterlinge in Orange, 3 cm groß
- Hutgummi in Schwarz, ca. 45 cm lang

VORLAGENBOGEN 3A

Schmetterling

1 Zugeschnittene Hologrammpunkte auf die Schmetterlingsflügel setzen und zunächst die silbernen Konturen aufbringen.
Hierfür mit dem pinkfarbenen Glitterpen die Linien ziehen und dann in die noch feuchte Farbe silbernen Hologrammflimmer streuen. Nun die restlichen Konturen dazufügen.

2 Für die weiteren Punkte Hologrammfolie auf Tonkartonreste kleben, die Punkte ausschneiden und auf den gelben Moosgummikörper kleben.

3 Konturen ziehen und den Chenilledraht mittig biegen, die Enden aufrollen und hinter dem Körper befestigen.

4 Beide Teile zusammenfügen, das Hutgummi anpassen und befestigen.

Südseeträume

1 Die Maske einmal aus Wellpappe und einmal aus Moosgummi ausschneiden.

2 Die Blütenblätter aus Krepppapier etwas gerafft von hinten um den Rand der Wellpappenmaske fixieren und anschließend die Moosgummimaske darüber kleben.

3 Nun noch die Schmetterlinge aufbringen, das Hutgummi anpassen und befestigen.

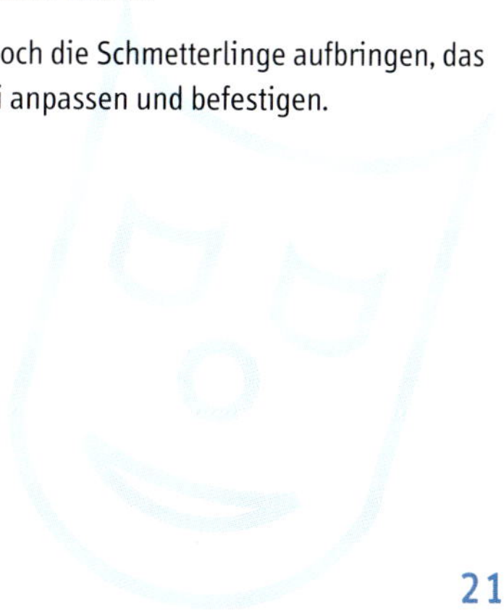

Clown und Harlekin

→ mal traurig und mal froh

MATERIAL CLOWN

- Tonkarton in Hautfarbe, A4
- Moosgummireste in Gelb, Rot und Grün, 2 mm stark
- Chenilledraht in Grün, 40 cm lang
- Krepppapierrest in Orange
- Styroporkugel, ø 5 cm
- Langhaarplüschrest in Kupfer
- 5 Marienkäfer aus Holz in unterschiedlichen Größen
- wasserfester Stift in Schwarz
- Schulkreide in Weiß, Rot und Blau
- Dekokleber
- Hologrammflimmer in Silber
- Bastelfarbe in Grün
- Hutgummi in Schwarz, ca. 45 cm lang

VORLAGENBOGEN 3B

HARLEKIN

- Tonkarton in Weiß, A4
- Tonkarton in Schwarz, A5
- Federboa in Schwarz, 30 cm lang
- wasserfester Stift in Schwarz
- Glitterpen in Blau
- Hutgummi in Schwarz, ca. 45 cm lang

VORLAGENBOGEN 3A

Clown

1 Die Maske mit der Kreide schattieren und die schwarzen Linien aufmalen.

2 Für die silberne Kontur den Dekokleber aufbringen und in die noch feuchte Masse Flimmer streuen.

3 Die Styroporkugel zur Hälfte teilen, mit der Bastelfarbe bestreichen und sofort mit etwas Flimmer bestreuen.

4 Nach dem Trocknen die Halbkugel auf den Moosgummikreis kleben, den überstehenden Rand an zwei gegenüberliegenden Seiten hochbiegen und fixieren. Die Blütenblätter aus Krepppapier mehrlagig hinter einem gelben Moosgummikreis montieren, einen Ring aus Chenilledraht über den Rand kleben. Den restlichen Chenilledraht spiralförmig um einen Stift wickeln, das eine Ende in den „Hut" kleben, das andere durch die Mitte eines zweiten gelben Kreises stecken und darauf die Blüte montieren.

5 Die beiden Haarteile an den Kopf kleben.

6 Nasenwürfel zusammenkleben und an der Maske befestigen.

7 Abschließend die Marienkäfer aufkleben, das Hutgummi anpassen und befestigen.

Harlekin

1 Alle Teile zuschneiden und miteinander verkleben.

2 Zuerst die schwarzen Zierlinien aufmalen, dann die blauen mit dem Glitterpen darauf.

3 Ein Stück (2 cm) von der Federboa abschneiden und als Pompon auf den Hut setzen.

4 Die restliche Boa als Hutkrempe fixieren, überstehende Enden auf der Rückseite verkleben. Nun noch das Hutgummi anpassen und befestigen.

Fremde Wesen

→ gruselig und abgefahren

MATERIAL MONSTER

- Tonkarton in Blau, A4
- Tonkartonrest in Weiß
- selbstklebender Hologramm-folienrest in Silber
- 8 Holzperlen in Blau, ø 6 mm
- Ölkreide in Weiß und Schwarz
- Hutgummi in Schwarz, ca. 45 cm lang

VORLAGENBOGEN 3B

AUßERIRDISCHER

- Tonkarton in Silber, A3
- selbstklebender Hologramm-folienrest in Silber
- 2 Wattekugeln, ø 35 mm
- Aludraht in Silber, ø 2 mm, 2 x 25 cm lang
- Hologrammflimmer in Silber
- Dekokleber
- Bastelfarbe in Silber
- Abstandsklebeband, 2 mm stark
- Ölkreide in Blau und Weiß
- Hutgummi in Schwarz, ca. 45 cm lang

VORLAGENBOGEN 3B

Monster

1 Alle Teile zuschneiden und Schattierungen und Zierlinien mit der Kreide aufbringen.

2 Die kleinen Hologrammfolienkreise mit einem Bürolocher ausstanzen.

3 Die Holzperlen mit einem Messer oder Seitenschneider teilen und alle Teile auf die Maske kleben.

4 Die Nase mithilfe eines dicken Stiftes formen und etwas gewölbt aufkleben.

5 Abschließend noch den Nasensteg auf der Rückseite fixieren, das Hutgummi anpassen und in die vorgestochenen Löcher knoten.

Außerirdischer

1 Die Maske zuschneiden, die Wattekugeln in Silber bemalen und in die noch feuchte Farbe etwas Hologrammflimmer streuen.

2 Für die Kreise und das Nasenteil vor dem Zuschneiden Hologrammfolie auf Tonkarton kleben.

3 Schattierungen und Zierlinien mit der Kreide aufbringen, Dekokleber aufstreichen und sofort den Hologrammflimmer darauf streuen.

4 Bevor die Kreise mit dem Abstandsklebeband aufgesetzt werden, die vorgesehenen Stellen mit der schwarzen Kreide schattieren.

5 Das Nasenteil leicht gewölbt ebenfalls mit Abstandsklebeband aufkleben, den Nasensteg hinten an der Nase fixieren.

6 Mithilfe eines dicken Stiftes den Aludraht zur Spirale drehen, je eine Wattekugel auf das eine Ende kleben und das zweite Ende mit viel Heißkleber hinter der Maske fixieren.

7 Abschließend noch die Ohren leicht nach vorne biegen, das Hutgummi anpassen und einknoten.

Häuptling Bunte Feder

→ bietet die Friedenspfeife an

MATERIAL

- Tonkarton in Hellbraun, A4
- Tonkartonreste in Gelb, Rot, Blau und Grün
- 2 Streifen Krepppapier in Schwarz, 30 cm x 50 cm
- Naturbastrest in Natur
- 3 große Indianderfedern in Rot, Blau und Grün
- 6 kleine Indianderfedern in Rot, Blau und Grün
- einige Holzperlen in Blau und Gelb
- Ölkreide in Weiß, Blau, Rot, Braun und Schwarz
- Hutgummi in Schwarz, ca. 45 cm lang

VORLAGENBOGEN 4A

1 Alle Maskenteile und das Krepppapier nach Vorlagenbogen zuschneiden.

2 Die Schattierungen und Zierlinien mit der Ölkreide auf der Maske anbringen.

3 Die 12 cm langen Fransen beider Krepppapierstücke mit dem Naturbast als Schopf zusammenbinden, die Streifen teilen und zwei Zöpfe bis zu den unteren Fransen flechten.

4 Die Zopfenden mit Naturbast zusammenbinden, auf die Enden einige bunte Holzperlen kleben und kleine bunte Federn hinter den Bast stecken.

5 Die großen bunten Federn am Schopf fixieren und die „Haarpracht" auf der Maske montieren. Das verzierte Stirnband darüberlegen, die Enden nach hinten falzen und verkleben.

6 Die Nase mithilfe eines dicken Stiftes formen und gewölbt auf der Maske anbringen.

7 Nun noch den Nasensteg auf der Rückseite fixieren und das Hutgummi anpassen und einknoten.

Meereskinder und Dinosaurier

→ fantastisch märchenhaft

MATERIAL MEERESKINDER

- Tonkarton in Regenbogen, A4
- Moosgummirest in Hellgrün, 2 mm stark
- Wackelauge, ø 14 mm
- Wackelauge mit Wimpern, ø 10 mm
- Glitterpen in Blau und Grün
- wasserfester Stift in Schwarz
- Hutgummi in Schwarz, ca. 45 cm lang

VORLAGENBOGEN 4A

MATERIAL DINOSAURIER

- Tonkarton in Regenbogen, A4
- Moosgummi in Grün, 2 mm stark, A5
- Faserseidenrest in Rot
- 2 ovale Wackelaugen, 10 mm x 15 mm
- Glitterpen in Grün und Gold
- Hutgummi in Schwarz, ca. 45 cm lang

VORLAGENBOGEN 4A+2A

Meereskinder

1 Alle Maskenteile zuschneiden und zusammenkleben.

2 Wackelaugen fixieren und mit den Stiften die Konturen und Zierlinien auftragen.

3 Die Alge aus Moosgummi als Nasenschutz hinter die beiden Fische setzen. Nun noch das Hutgummi anpassen und befestigen.

Dinosaurier

1 Den Saurier aus Moosgummi, die Zunge (1 cm x 7 cm) und den Zackenschweif aus der roten Faserseide und den Maskenrohling aus Tonkarton arbeiten.

2 Die Zierlinien aufbringen und nach dem Trocknen den Moosgummistreifen gewölbt über den Nasenausschnitt als Schoner auf die Maske kleben.

3 Nun den Hals des zusammengefügten Sauriers auf der Maske und den Bauch auf dem Nasenschoner fixieren.

4 Abschließend noch das Hutgummi anpassen und befestigen.

Hallo, Afrika!

→ fremde Kontinente

MATERIAL

- Tonkarton in Dunkelbraun, A3
- Tonkarton in Weiß, A4
- Tonkartonrest in Gelb
- Krepppapierrest in Schwarz
- Abstandsklebeband, 5 mm stark
- Ölkreide in Weiß, Rot und Schwarz
- Hutgummi in Schwarz, ca. 45 cm lang

VORLAGENBOGEN 4B

1 Alle Maskenteile zuschneiden und die Schattierungen und Zierlinien mit der Ölkreide aufbringen.

2 Augenbrauen und Nase mithilfe eines dicken Stiftes wölben. Die Augenbrauen mit einem langen Streifen Krepppapier (2 cm breit) locker gekräuselt umkleben und die Nase dann etwas gewölbt aufbringen.

3 Nasensteg und Nasenring von hinten an der Nase fixieren.

4 Für das Kraushaar Krepppapierquadrate (5 cm x 5 cm) zu Kugeln drehen und auf der Maske fixieren.

5 Alle Krepppapierteile werden noch weiß schattiert.

6 Abschließend den Knochen mit Abstandsklebeband hinter dem Kopf befestigen, das Hutgummi anpassen und in die vorgestochenen Löcher einknoten.

Spider

→ einfach, aber wirkungsvoll

MATERIAL

- Tonkarton in Blau, A4
- Moosgummi in Rot, 2 mm stark, A4
- Ölkreide in Schwarz
- Glitterpen in Silber
- Hutgummi in Schwarz, ca. 45 cm lang

VORLAGENBOGEN 4B

1 Alle Teile zuschneiden und die blauen Konturenstücke von hinten auf die rote Maske kleben.

2 Zuerst die schwarzen Zierlinien mit der Ölkreide und anschließend die silbernen mit dem Glitterpen aufbringen.

3 Abschließend noch das Hutgummi anpassen, durch die vorgestochenen Löcher ziehen und verknoten.

Spider

(Beschreibung auf Seite 31)

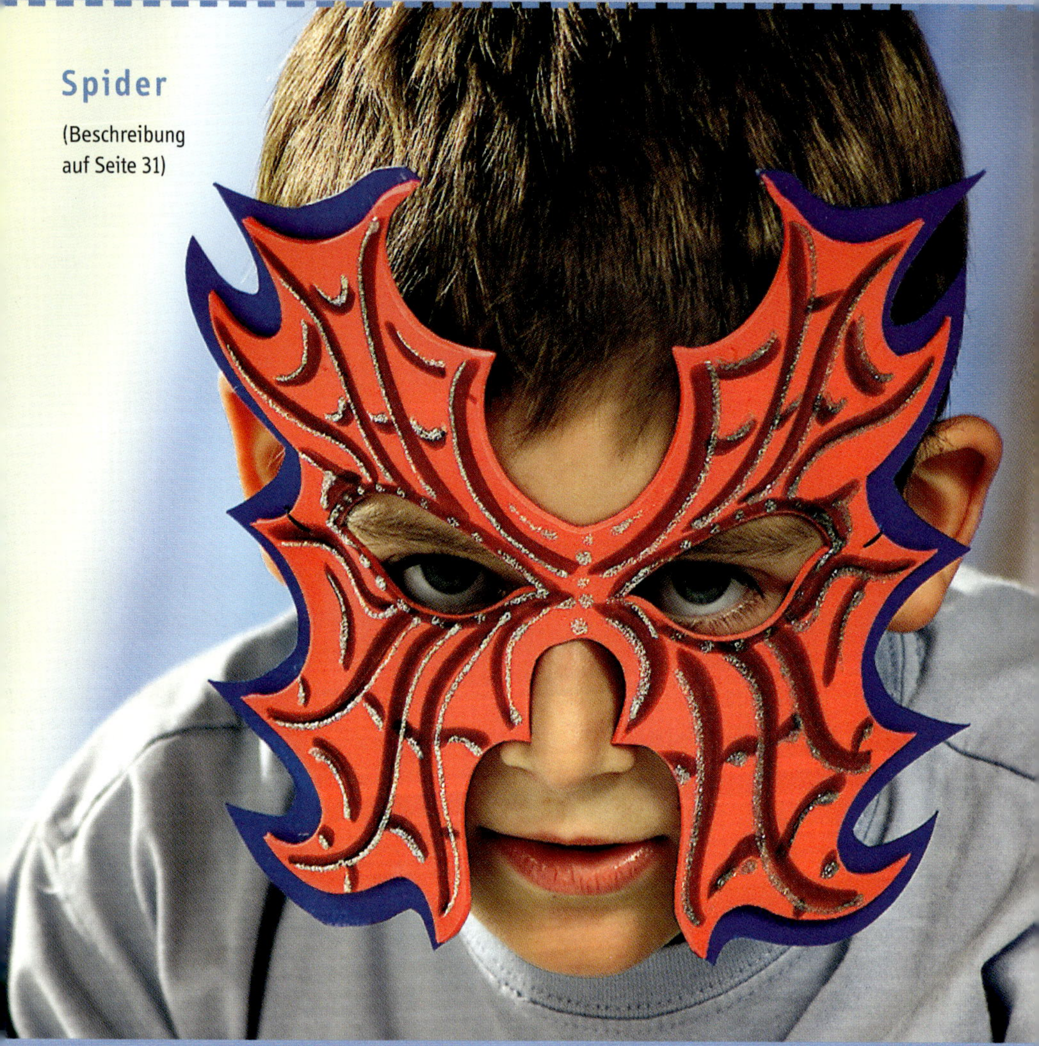

DIESES BUCH ENTHÄLT 4 VORLAGENBOGEN

IMPRESSUM

FOTOS: frechverlag GmbH, 70499 Stuttgart; Fotostudio Ullrich & Co., Renningen
DRUCK: frechdruck GmbH, 70499 Stuttgart

Auflage: 5. 4. 3. 2. 1.
Jahr: 2007 2006 2005 2004 2003 [Letzte Zahlen maßgebend]

ISBN 3-7724-3208-5
Best.-Nr. 3208